AF562925

CONSIDÉRATIONS

SUR

LES NOUVELLES ÉLECTIONS,

SUR

LA SESSION DE 1820,

ET SUR LES DANGERS DU SYSTÈME ACTUEL.

PAR M. LÉON THIESSÉ.

À PARIS,

Chez MONGIE aîné, Libraire, boulevard Poissonnière, N°. 18.

DE L'IMPRIMERIE D'ANT. BAILLEUL, RUE THIBAUTODÉ, N°. 8.

DÉCEMBRE 1820.

CONSIDÉRATIONS

SUR

LES NOUVELLES ÉLECTIONS,

SUR

LA SESSION DE 1820,

ET SUR LES DANGERS DU SYSTÈME ACTUEL.

Le résultat des dernières élections est déjà jugé : on sait par quels moyens un parti est arrivé à s'emparer des suffrages ; on sait quelles espérances il fonde sur la chambre qui s'assemble en ce moment. Ses organes ont trop pris soin de nous le faire connaître, pour qu'il puisse, à cet égard, rester le moindre doute aux esprits éclairés, aux véritables amis de leur pays. Mais si cette faction cesse de dissimuler sa joie et ses projets, déjà plus d'un ministre, entraîné par le torrent dont il espéra imprudemment maîtriser le cours, gémit du triomphe qu'il a remporté, et n'envisage l'avenir qu'avec effroi. Il en est qui, jadis plébéiens, mêlés à la révolution ou à l'empire, se rappellent trop tard les titres qu'ils ont à la défaveur du parti triomphant, et reconnaissent que, quelque haine qu'ils aient conçue pour les libéraux, quelque blessés qu'ils aient pu être dans leur amour-propre, ou dans leurs opinions privées, ce n'était point là la route qu'il fallait prendre, et le parti qu'il fallait suivre. Déjà les journaux du ministère laissent apercevoir les craintes dont leurs directeurs sont pénétrés : on entend le *Moniteur* parler de modération; il conseille la concorde à la future majorité : c'est dire assez qu'on redoute les exagérés, et que l'on prévoit la discorde.

Avant peu, nous n'en doutons pas, cette crainte des ministres gagnera le sommet de la société. La sagesse occupe le trône, et la sagesse doit être méfiante, *provida futuri.* Il est impossible que le monarque qui signa l'ordonnance du 5 septembre; qui, plus d'une fois, signala comme funeste l'exagération d'un zèle trop ardent, n'ait pas examiné profondément les vues et les désirs du parti qu'il a réprimé pendant quatre années; et, si les ministres ne lui déguisent rien, il n'est guère possible qu'il ne soit pas informé de leurs craintes, et qu'il n'arrive pas bientôt à les partager.

En vain les habiles de la faction se proposent de naviguer plus prudemment qu'en 1815; en vain disent-ils : *Nous serons sages ;* on sait bien que les hommes ne changent point d'opinion; on sait que toute force humaine, comme toute force matérielle, ne peut éviter de suivre la direction que le mouvement lui imprime; on sait que, lors même que quelques chefs auraient assez de politique pour résister aux conseils de la passion, il serait hors de leur puissance de maîtriser cette foule d'exagérés qui se rencontre toujours dans les partis, et qui, remplaçant les lumières et l'habileté qui lui manquent, par la violence du langage et l'immodération des désirs, marche sans cesse en avant, fidèle au principe anarchique, que pour atteindre le but, il faut le dépasser, et est toujours prête à désavouer les chefs qu'elle s'est donnés, si elle trouve en eux plus de sagesse ou moins d'imprudence qu'elle n'en peut avoir elle-même. Cela est arrivé dans tous les temps, dans tous les partis; les républicains ont été accusés de royalisme par les jacobins; si l'empire de ces derniers avait duré plus long-temps, ils auraient été proscrits par les cordeliers.

Il ne faut donc point se dissimuler ce qui doit arriver. La situation est donnée; les dispositions sont faites; il faut que les conséquences s'en suivent, aussi rigoureusement qu'il faut que la nuit arrive quand le soleil se couche. Avant d'examiner ces conséquences, voyons cependant à qui l'on doit attribuer le résultat des élections, source première des dangers qui nous menacent. Cet examen nous amènera naturellement à savoir si l'on doit regarder la défaite accidentelle des constitutionnels dans les colléges électoraux, comme un signe de l'affaiblissement de ce parti, et de la faveur nouvelle donnée à ses adversaires.

La nouvelle loi des élections a été bien jugée par le parti qui s'en est servi cette année. Cette loi, a-t-il dit, est un instrument qui sera utile ou funeste, suivant l'usage que l'on en fera. Si on la remet entre des mains royalistes, elle produira des fruits monarchiques. Le ministère s'est laissé prendre à ce langage; il a choisi des présidens royalistes (1); il a destitué les préfets libéraux, ou même doctrinaires, et leur a substitué des préfets royalistes; il a créé de nouvelles fonctions, celles de secrétaires de préfectures, et les a remplies par des royalistes. Tout emploi dont il dispose, quelque humble qu'il puisse être, il l'a donné à des royalistes; en un mot, il a

(1) Il est inutile d'observer que nous n'employons l'expression de *royalistes*, que dans le sens d'*ultra-royalistes*. Nous donnons au parti monarchique le titre dont il se pare lui-même. Dans le vrai sens des mots, *libéral* est synonyme de *royaliste-constitutionnel*.

répondu à l'appel des nouveaux amis qu'il s'est faits.

La difficulté de pervertir la loi des élections du 5 février, formait un des principaux mérites de cette loi. Fidèle à la charte, elle avait étendu ses volontés, sans les altérer ni les dépasser; elle avait composé chaque collége électoral d'une masse imposante, devant laquelle toute intrigue partielle et misérable devait échouer. Pour agir sur cette masse, il fallait être l'organe d'un intérêt réel et capital; il fallait, non pas faire la majorité, elle était forte et indissoluble, il fallait lui donner les moyens d'émettre son vœu, en lui faisant connaître les hommes qui pouvaient le mieux y répondre : aussi la loi des élections du 5 février était-elle une institution vraiment représentative, vraiment conforme à ce système, qui n'exclut pas les intrigues, mais qui n'admet que celles qui sont dirigées vers un but national, et ne leur accorde de succès, que lorsqu'elles ont pour objet d'amener le triomphe des influences importantes, et des forces véritables de la société.

Qu'a substitué la loi nouvelle à ce système vraiment libéral? Un morcellement de colléges, qui rend toutes-puissantes les intrigues locales, qui met les élections à la merci d'un sous-préfet et de quelques familles nobles; qui réduit chaque collége à une si faible dimension, qu'à l'aide de la division du travail, le ministère possède un pouvoir hors de mesure. Aux colléges d'arrondissement, la loi nouvelle ajoute des colléges de département, qui, formés des plus imposés, donnent nécessairement la majorité à une classe peu nombreuse, mais insolente et oppressive, parce qu'elle est riche; parlant sans cesse de sa misère et de ses adversités, et cependant toujours dominante, lorsque la grande propriété gouverne; répétant à chaque instant qu'elle veut la charte et ses conséquences, mais toujours prompte à recourir au sophisme, pour éluder cette charte, et pour détourner le sens des paroles et des actes, dont sans cesse elle se rend coupable.

Ajoutez à la tendance naturellement mauvaise de la loi, l'exécution plus mauvaise encore; ajoutez le nouveau système de dégrèvemens arbitraires, qui a éloigné un grand nombre de libéraux; l'ordre donné à tout fonctionnaire, à tout homme dépendant directement ou indirectement de l'autorité, de voter pour les candidats du ministère ou des ultra; ordre tellement formel, qu'il a placé les fonctionnaires subalternes dans l'alternative de trahir leur conscience, ou de tomber dans la misère. Observerons-nous encore la formalité indispensable d'écrire son bulletin sur le bureau, sous les yeux d'inquisiteurs de la délation, qui veillait pour assurer la vengeance de son parti; la liberté prise par les présidens, de lire les scrutins sans les montrer? Ajouterons-nous la licence de la presse pour les prôneurs des candidats du ministère, et sa complète oppression pour ceux qui voulaient en présenter d'autres? Comment pouvait-on empêcher que tant de causes réunies amenassent des choix contraires aux libéraux, en quelque majorité qu'ils fussent? Etait-il possible qu'ils obtinssent du succès, lorsque la plus grande partie d'entre eux n'avait point de voix dans le collége de département, et lorsque le reste était nécessairement dépourvu de tout moyen d'influence dans les arrondissemens, divisés à l'infini, et placés sous la main immédiate du pouvoir?

Durant trois années consécutives, les libéraux ont eu constamment la majorité dans des assemblées nombreuses et difficiles à travailler. Cette année, un parti a triomphé dans de petits colléges, où les rigueurs locales, où l'influence territoriale de quelques anciens privilégiés étaient toutes-puissantes, et dans de grands colléges, presque exclusivement occupés par ces anciens privilégiés. Voilà des faits, et les conséquences sont faciles à déduire.

Si l'on parle encore de comités-directeurs, nous répondrons qu'il est possible que les élections aient donné lieu à des réunions de citoyens; mais ceci est essentiellement conforme au système constitutionnel; tous les partis ont les leurs; et ces réunions n'ont de pouvoir qu'autant qu'elles se contentent de diriger une opinion qu'elles ne sauraient créer. Les libéraux entendent mieux que leurs adversaires le système représentatif: ce régime est celui des influences de la société; il est dénaturé, quand, à ces influences, on substitue la volonté du pouvoir, ou les intrigues méprisables d'une minorité hostile et criminelle.

Il semble qu'après ces details, il est aisé de résoudre la question de savoir si les élections de cette année condamnent les amis de la liberté. Tel est le système actuel, que le vœu de la France ne peut être entendu sans le consentement des ministres. Ils ont étouffé ce vœu; et il n'a point été exprimé. Ils ont abusé d'une mauvaise loi, et cet abus a produit des choix funestes. Aux colléges électoraux de la loi du 5 février, ils ont substitué des colléges aristocratiques; ils ont donné à la richesse le droit de voter deux fois; ils ont fait voter avec elle tous ceux qui relèvent de leur pouvoir; et les élections ont nécessairement produit des hommes aristocratiques, ou des agens de l'autorité. De ce résultat, on ne doit rien conclure contre le parti libéral, qui ne fut jamais plus uni, plus nombreux, que son adversité présente rend même plus redoutable et plus fervent que jamais. On doit seulement conclure que la France sera singulièrement représentée cette année. Examinons, en effet, quel phénomène va présenter la session de 1820.

La chambre de 1815, sur les traces de laquelle marchera celle de 1820, était sans doute composée d'élémens violens et de principes destructifs de toute espèce de liberté. C'était un rassemblement d'hommes froissés depuis trente ans, protégés seulement par le mépris de leurs adversaires; c'était la contre-révolution vivante. Pour la première fois, elle s'était élevée au pouvoir, et elle avait à exercer des haines dès long-temps amassées, et encore accrues par le silence. Elle rentrait dans Rome, comme Sylla, le cœur gonflé d'amertume, et méditant des supplices : il fallait bien que les partisans de Marius fussent décimés. Mais cette chambre, toute violente qu'elle était, offrait du moins quelque homogénéité dans sa composition; l'opposition était d'accord sur beaucoup de points avec la majorité; elle était ministérielle, et le ministère suivait une route extra-constitutionnelle. A peine remarquait-on sur les bancs du côté gauche quelques véritables amis de la Charte tout entière; à peine y distinguait-on quelques-uns de ces vieux défenseurs de la révolution, qui, étrangers à ses excès, ont mêlé leur nom à tout ce qu'elle offrit de généreux et d'utile. On comprend que, dans un tel état de choses, l'opposition devait être timide, réservée. Destituée, d'ailleurs, de ce soutien qui résulte des influences du dehors, car alors tout se taisait, tous les citoyens gémissaient en silence; elle ne pouvait offrir autre chose qu'une divergence d'opinions; et aux fureurs des proscripteurs, elle ne pouvait opposer qu'une résistance calme et mesurée. Si une voix pure et vraiment nationale essayait de se faire entendre, quel était le succès de cette noble tentative? On vociférait autour d'elle: elle était bientôt étouffée; et, si elle persistait, un rappel à l'ordre la chassait de la tribune. Telle était l'oppression des amis de la liberté qu'on égorgeait, et du gouvernement lui-même qui ne pouvait les sauver, qu'il n'était permis à aucun d'eux de prononcer seulement le nom des assassins ; et lorsqu'enfin le crime eut reçu une trop évidente publicité, quand il ne fut plus possible de le nier, un député (1) se trouva pour solliciter la grâce des sicaires.

Une preuve qu'alors il n'y avait point de véritable opposition, c'est que, depuis, ceux qui en occupaient la place ont déserté des bancs dont ils ne se sont pas crus dignes, et ont émigré vers le centre, et même vers le côté droit.

De cette absence de contradicteurs prononcés, il résulta que les hommes de la droite occupèrent seuls le terrain, et que, toute violentes qu'aient été les discussions, elles ne furent point envenimées encore par la contradiction. Jamais le côté droit n'entendit alors ces mots adoptifs de la langue française, si mal sonnans pour ses oreilles : qui eût osé les prononcer? Supposez que, comme aujourd'hui, on lui eût parlé de *contre-révolution*, d'*ultra-royalisme*, de *proscripteurs*, de *convention nouvelle*, quel tumulte n'en fût-il pas résulté ? Combien la vivacité des passions ne se fût-elle pas accrue ?

Mais aujourd'hui quel spectacle différent

---

(1) M. Trinquelague.

nous offrira la chambre qui va s'ouvrir ? Jamais, depuis la révolution, phénomène plus digne d'observation et plus propre à faire naître un juste effroi, se présenta-t-il à notre vue ? Dans l'assemblée constituante, sans doute, la séparation était bien marquée ; l'abbé de Montesquiou et d'Epresmenil étaient bien opposés aux Mirabeau et aux Lameth. Mais alors nous étions dans les premiers jours de nos troubles ; alors les échafauds n'avaient point ensanglanté la querelle ; alors un parti n'avait point armé l'étranger contre l'autre ; les hommes du côté droit n'avaient pu connaître ces haines enracinées qu'ils doivent à trente ans d'exil, à la vente de leurs propriétés, à l'irritation d'un orgueil blessé : on était jeune, on essayait ses forces, on préludait aux combats. Aujourd'hui, au contraire, les vaincus de trente années, énorgueillis d'un triomphe passager qu'ils doivent à des armes étrangères, exaspérés par le mauvais succès de leurs desseins en 1815, par l'humiliation qu'ils ont éprouvée depuis, chassés par le peuple d'une chambre où ils rentrent aujourd'hui malgré le peuple, sont parvenus au plus haut degré de l'exaltation humaine. Ils ne peuvent et ne doivent méditer que vengeances et réparations. Ils sont préparés à tout demander : désaccoutumés de vaincre, ils ont oublié les maximes prudentes de la victoire. Mais ce n'est plus une opposition molle et timide qu'ils vont rencontrer ; ce ne sont point des controversistes qu'ils vont trouver en face : ce sont des ennemis. Ils trouveront des hommes fermes, habiles, qui ont embrassé, cultivé la révolution; des hommes qui en aiment les principes, qui en repoussent les adversaires ; des hommes qu'ils ont voulu proscrire, qu'ils ont proscrit autant que cela était en eux, dont ils ont banni les parens, exilé les proches, fait condamner les amis. Il n'y a point de pacte entre le proscripteur et le proscrit, entre la liberté et le despotisme, entre l'étranger et le français.

Il ne s'agit plus aujourd'hui d'étouffer les voix, d'interrompre les discussions, de prévenir les révélations. On interdit bien la parole à un seul citoyen, quand on est deux cents contre lui ; mais trois cents personnes ne ferment pas la bouche à cent cinquante; et cent cinquante citoyens, animés de l'amour du bien public, forts par leur talent, éprouvés pour leur courage, ne subissent pas paisiblement le joug de trois cents. Nous ne sommes plus en 1815 : un assassinat ne sera point commis ; un protestant ne sera point égorgé, sans que la tribune ne le révèle aussitôt à la France. Pas un acte arbitraire, pas une violation des droits des citoyens, ne seront couverts d'un voile officieux. En vain invoquera-t-on des dangers supposés, des conspirations feintes ou grossies ; en vain réclamera-t-on la faveur de l'oubli ; en vain parlera-t-on d'ensevelir des crimes dans le centre de la terre : tout sera connu, publié, détesté, sans que ni vociférations, ni rappels à l'ordre empêchent la vérité de paraître.

Rassemblez ensemble des matières hétérogènes ; confondez des élémens qui se combattent ; réunissez suivant les expressions d'Ovide (1), des principes incompatibles, des matières qui ne s'accordent point l'une avec l'autre ; mêlez ensemble la terre, l'air et les eaux : que produirez-vous avec cet indigeste amas ? Un sol mouvant, une onde qui ne sera point navi-

---

(1) . . . . Congestaque eòdem
Non benè junctarum discordia semina rerum. . . .
Quàque erat et tellus, illìc et pontus et aer,
Sic erat instabilis tellus, innabilis unda,
Lucis egens aer, nulli sua forma manebat :
Obstabatque aliis aliud ; quia corpore in uno
Frigida pugnabant calidis, humentia siccis,
Mollia cum duris, sine pondere habentia pondus.

OVIDE, *Métam.*, *liv.* 1er., *ch.* 1er.

gable, une atmosphère sans lumière. Réunissez dans une seule masse le froid et le chaud, le sec et l'humide, le fort et le faible, le léger et le pesant : tout se combattra, tout se heurtera, tout sera la proie du désordre et de la confusion ; vous aurez le chaos. Telle est l'image qu'offrira la chambre de 1820.

Comment, en effet, comprendre la réunion des hommes qui vont composer cette assemblée? Jamais une même enceinte renferma-t-elle des ennemis aussi prononcés? Jamais terrain ressembla-t-il mieux à un champ de bataille ? Ne se croirait-on pas au bord du Rhin, à cette époque où, d'un côté, était la France, et de l'autre l'émigration soldée par l'étranger ? Comment qualifier une réunion qui oppose M. le général Lafayette à M. de Béthisy, M. le général Foy à M. Duplessis-Grénédan, M. Manuel à M. de Bouville, M. de St-Aulaire à M. Donnadieu, M. Benjamin Constant à M. Bertin de Vaux ; M. Dupont de l'Eure à M. de Vatismenil père ? Certes, tous les contraires sont en présence, toutes les antipathies sont rapprochées, toutes les inimitiés sont opposées l'une à l'autre. Que doit-il résulter de ce singulier mélange ? Quel langage commun peut exister entre les deux côtés de la chambre ? Quel est le point sur lequel ils peuvent s'accorder? Qu'en effet, tel député du côté droit monte à la tribune, il parlera des missionnaires et de l'émigration; il fera l'éloge des Suisses et de la Vendée. Un député de la gauche, au contraire, fera l'apologie de la liberté, et partant de la révolution qui nous l'a donnée, vantera les succès de nos armes; il parlera de la gloire nationale, et des droits reconnus par la charte. On entendra deux langues différentes; on entendra la France extérieure et la France intérieure: il ne pourra sortir de ce conflit que de la confusion, du bruit et des ténèbres.

Voilà, selon toutes les probabilités, la marche que prendront les discussions dès l'ouverture de la session. Les libéraux, plus circonspects que leurs adversaires, ne prendront point l'initiative. Je suppose même que les habiles du côté droit se maintiendront d'abord dans les bornes de la modération; mais il se trouve nécessairement dans un parti des déclamateurs, des esprits à la fois violens et bornés, des hommes qui aspirent à se distinguer par le scandale. Le parti aristocratique en possède beaucoup de cette espèce; il y en aura un certain nombre cette année à la chambre. C'est un de ces exagérés qui ouvrira la marche. L'occasion lui sera bientôt présentée de monter à la tribune. Il prononcera quelque discours violent, injurieux pour un côté de la chambre: réponse ferme de la part du côté gauche. La contradiction blesse, les passions s'enflamment: bientôt une réplique plus violente encore succédera à la réponse, et voilà le combat engagé. Viendront les récriminations, les personnalités, les menaces : le bruit redoublera, les séances seront furieuses, et chaque matin leur récit épouvantera la France.

Mais ce qu'il y a de déplorable, c'est qu'il n'y aura point d'issue qui soit d'abord de nature à rétablir la paix. Le côté droit aura la majorité : tout ce qu'il voudra sera converti en loi. Ce mauvais succès accroîtra le mécontentement des amis de la charte; ils essayeront quelque temps d'y opposer l'éloquence de la modération; mais enfin les hommes sont hommes; et peut-on penser qu'ils seront insensibles aux blessures qui leur seront faites chaque jour?

Je n'ai rien dit encore de l'action de la majorité sur le gouvernement. Il est clair que les ministres actuels sont atteints d'une tache originelle, dont la destitution seule peut les laver. Il est évident que le premier triomphe de l'aristocratie sera leur renvoi. Leur sort est arrêté, et n'est pas moins certain que celui de leurs prédécesseurs. M. le général Donnadieu ne saurait supporter à la chambre la vue de M. de Richelieu ; M. de Béthisy ne tolérera pas plus celle de M. Siméon, et l'auteur de la *loi athée*, M. de Serre, est plus menacé encore que tous les autres. Le ministère doit donc céder sa place à des hommes plus purs. Mais une autre sorte de progression nous menace. On doit s'attendre que quelque choix que l'on fasse, quelques hommes que l'on substitue au ministère actuel, ces hommes, ayant deux mois d'exercice tout au plus, ne seront déjà plus à la hauteur de la contre-révolution. La tendance est indiquée ; une fois livré au parti, il faudra qu'ils lui accordent tout, ce qui est impossible, ou quelque *bombe royaliste* tombera soudain, et les écrasera d'une dénonciation formidable. On n'a point oublié que, dès l'année dernière, M. de Villèle était accusé d'une coupable modération. Les ministres, fussent-ils présidés par M. Donnadieu, seraient bientôt présentés comme des traîtres sans énergie.

De quelles demandes les ultra-royalistes ne vont-ils point accabler le trône ! Déjà n'entend-on pas parler d'indemnités pour les émigrés ? N'est-il pas question de vingt-cinq millions de rentes sur l'état ? Ne parle-t-on pas aussi de rapporter la loi de recrutement, d'enchaîner la presse trop libre encore au gré de nos ennemis, non par des lois préventives, mais par des peines atroces? Ne veut-on pas nous reporter à ce temps de la terreur, où cette liberté que l'on déclaraït entière, était tempérée par la guillotine? N'est-il pas question de rendre aux cours royales la connaissance des délits, comme si l'on avait quelque reproche à faire aux jurés? Bientôt, n'en doutons pas, nous reverrons les catégories, les amnisties imposées au ministère; et il nous restera à chercher un asile sur le sol étranger, si l'étranger ne nous ferme pas ses frontières, si la généreuse Espagne jouit encore des libertés qu'elle a reconquises, et dont elle sait faire un si noble usage.

Nous n'avons parlé jusqu'ici que de l'intérieur de la chambre: nous n'avons rien dit du reste de la France. On sait ce que devient la réaction la plus inévitable, la plus utile même et la moins sanglante, quand elle passe dans les départemens; on sait quelles interprétations elle y reçoit; on n'ignore pas que souvent telle révolution qui n'a, dans Paris, occasionné aucun désordre, ensanglante des provinces entières. La réaction du 9 thermidor elle-même, cette réaction si justifiée par les excès du comité de salut public, a fait périr des milliers de bons citoyens et de vrais patriotes. Quand le bruit de quelque changement se manifeste dans les provinces éloignées du centre des affaires, et de l'action directe du pouvoir, le parti qu'il favorise s'en empare, le grossit, le répand avec des commentaires que l'éloignement envenime encore. Alors toutes les haines locales se réveillent; les jalousies, les discussions d'intérêt, les inimitiés de famille prennent une force nouvelle; l'ignorance en profite; la lie de la population, les misérables qui ne peuvent exister que par le renversement des lois, deviennent les instrumens de vengeance; et l'on ne sait plus où les crimes s'arrêteront. Ainsi ont été amenés les massacres de Nîmes, d'Avignon et de Toulouse; ainsi peuvent arriver, dans ces provinces et dans d'autres, des convulsions et des scènes sanglantes.

Mais ce n'est pas tout : deux causes immédiates peuvent influer sur l'avenir des provinces. La première est l'exaltation que les royalistes subalternes vont recevoir d'un jour de triomphe. Le passé nous instruit à cet égard. Il n'est aucun de nous, il n'est aucun royaliste éclairé, qui ne sache quel mal d'imprudens défenseurs peuvent faire à cette cause. La sagesse des chefs ne saurait être partagée par les subordonnés; leurs excès doivent s'aggraver encore, en descendant parmi les classes subalternes; si le langage de M. de Lamennais nous épouvante à Paris, à quoi devons-nous nous attendre de la part des ecclésiastiques inférieurs qui sèment dans chaque village leurs doctrines ultramontaines et les principes de l'obéissance passive? Nous ne croyons pas, sans doute, au retour des dîmes, ni à la restitution des biens nationaux; mais qui peut nous promettre que, dans les campagnes, tel esprit mal fait ne laissera pas échapper à cet égard l'expression de dangereuses espérances? Les punira-t-on, aux termes des lois? La vindicte publique pourra-t-elle s'exercer contre un parti triomphant? N'avons-nous pas entendu un ministre avouer qu'en 1815, le gouvernement, livré à ce parti, se trouva dans l'impuissance de punir le crime? Et si les voeux indiscrets des aristocrates de bas étage ne sont point réprimés, quelle influence terrible l'expression de ces voeux n'exercera-t-elle pas sur l'opinion des villes, et surtout des campagnes?

La mauvaise foi pourrait-elle nier l'imminence de ce danger? Nierait-elle qu'en 1814, il ait été une des causes de l'abandon où se trouva le gouvernement? Nierait-elle que le roi lui-même l'ait reconnue, lorsqu'il a parlé d'un *zèle trop ardent*? Que signifie donc l'ordonnance qui interdit les prédications le jour du 21 janvier? Si l'on ne craignait rien de l'exagération, même dans la chaire de vérité, aurait-on fait cette ordonnance? N'est-il pas réel aussi que l'esprit jésuitique et ultramontain fait chaque jour d'effrayans progrès; que les jésuites, cette compagnie si justement proscrite, s'efforcent de reparaître sous toutes les formes; qu'ils empruntent tantôt la robe des ignorantins, tantôt l'étole des missionnaires, et qu'ils vont même jusqu'à répandre des livres dans lesquels l'autorité royale est sacrifiée à la toute-puissance du pape? Est-il moins clair que tous ces manéges sont réprouvés du peuple, et que la faveur accordée au parti aristocratique doit multiplier dans tous les villages cet esprit de mécontentement et cette inquiétude dont il se manifeste déjà trop de symptômes?

La seconde cause qui peut influer sur la tranquillité des provinces, c'est l'effet que produira nécessairement au dehors la violence des discussions de la chambre. On se souvient combien, l'année dernière, quelques discours échauffèrent les esprits; on sait que des députés furent exposés à des dangers graves et réels; que, chacun prenant parti pour une opinion ou pour l'autre, les divisions de la chambre des députés devinrent un combat hors de la chambre, et qu'il résulta des désordres affligeans de cette lutte anarchique. Si, comme nous le craignons avec trop de raison, les discussions de la chambre sont tumultueuses, violentes, menaçantes même, songe-t-on à l'effet que le récit de ces discussions, rapporté par les journaux, souvent avec des commentaires en sens divers, quelquefois avec infidélité, peut produire sur les départemens? Réfléchit-on au parti que l'exagération peut en tirer? Perd-on le souvenir de 1815; et serait-on assez imprévoyant pour ne pas tenir compte des dangers dont cette cause, ajoutée à tant d'autres, peut devenir la source?

Tels seront les résultats des dernières élections, résultats inévitables, conséquence nécessaire de la marche que suit le ministère depuis six mois, de l'oppression de la presse, de la faveur donnée aux royalistes, de l'influence qu'ils ont obtenue, soit dans les fonctions publiques, soit dans les conseils du monarque. C'est un malheur qu'il faudra supporter; c'est une maladie qui doit suivre son cours, et qu'il n'est plus temps de prévenir aujourd'hui. Le ministère a fait des fautes; il a mis l'incendie à l'édifice : il faut qu'une partie soit endommagée par les flammes. Il ne s'agit plus que de savoir comment on pourra le rebâtir. La charte et les principes de la révolution qu'elle consacre, doivent subsister ou périr; il n'y a pas de milieu.

Quelle sera donc, en définitive, l'issue que l'on peut prévoir? Sera-t-elle funeste ou favorable? Plusieurs hypothèses se présentent; la première est celle-ci :

Le parti prétendu monarchique triomphera, et finira par accomplir les desseins qu'il médite. Quels sont ces desseins?

Il commencera par s'élever au ministère. Les ministres actuels seront mis hors de combat. Des hommes entièrement monarchiques les remplaceront. Bientôt tout fonctionnaire, tout employé non-royaliste sera destitué. Une vigoureuse aristocratie, suivant l'expression de M. de Châteaubriand, sera créée. Pour y parvenir, le système des majorats sera étendu des pairs de France aux simples particuliers. Aux termes de la proposition de M. de Lévis, soutenue et adoptée par son parti, tout citoyen pourra, par la création d'un majorat, détruire l'égalité des héritages, frustrer les droits des créanciers, resserrer les biens-fonds entre un certain nombre de familles. On ne rendra point les biens nationaux aux émigrés, la charte interdit jusqu'au voeu que l'on en pourrait former; mais il s'agira d'indemnités, et le peuple supportera des impôts qu'il ne doit pas. La loi des élections, quelque favorable qu'elle soit à l'aristocratie, ne lui suffira plus. Elle n'a accueilli l'amendement de M. Boin qu'avec mécontentement; elle n'a point renoncé aux deux degrés. Ils seront admis, et le peuple, qui paraît nommer encore quelques députés, finira par n'en plus nommer du tout. C'est peu : déjà le clergé français a le droit de posséder; ce droit sera étendu, et peu à peu le clergé deviendra un ordre dans l'état; on dira qu'il est propriétaire, et que c'est sur la propriété qu'est fondé le système représentatif. Sous l'empire de la censure, des journaux qui s'intitulent *journaux religieux*, se permettent de présenter le protestantisme comme un sujet de scandale pour la chrétienté. Que deviendra cette religion, lorsque le parti monarchique aura obtenu le pouvoir? Quand il dominait en 1815, on a égorgé les protestans; seront-ils protégés, s'il domine en 1821?

Ce qui précède n'est certes que l'abrégé des projets des prétendus partisans de la monarchie. Avons-nous parlé des doctrines ultramontaines que l'on défend dans des recueils autorisés? Avons-nous parlé de la hiérarchie qui va s'établir dans l'armée, quand la loi de recrutement n'existera plus? On voudra, dira-t-on, respecter la prérogative royale, en ne la privant plus de nominations qui lui appartiennent; mais ce ne sera point la prérogative royale qui profitera de ce droit, ce seront les ministres, et les ministres seront royalistes. Alors la noblesse, les services contre la France, les outrages faits à la liberté pourront devenir des titres à la préférence du ministère. Ce ministère, qui, sans repousser ostensiblement les services rendus depuis 20 ans à la patrie, n'aura en effet d'estime que pour ceux qui ont été rendus dans la Vendée, ou à l'étranger, dédaignera nécessairement la majorité de l'ancienne armée et de la nouvelle; car c'est la majorité qui a combattu sous les drapeaux de la république et de l'empire. Dirai-je l'esclavage où se trouvera la pensée, l'état d'ilotisme où l'on réduira tout ce qui a pris le nom de libéral? Parlerai-je du moment où le ministère, sans cesse épuré, sera tellement composé, que la charte, dont nous savons qu'une partie des royalistes ne veut pas, n'existera plus que comme un fantôme sans réalité, comme une ombre que le toucher ne saurait atteindre? Alors le projet d'exiler, aux termes de M. Donnadieu, quatre mille factieux dans des colonies lointaines, pourra trouver quelque faveur; alors les congrégations et les corporations, les priviléges et les inégalités pourront se multiplier à l'infini, et la révolution sera en effet écrasée.

Mais une pensée m'arrête dans cette incomplète énumération des projets avoués de nos maîtres futurs. En parlant sans cesse de la charte *octroyée*, ils insinuent, par cette observation, que la charte est révocable, car enfin l'édit de Nantes aussi était octroyé, et même à perpétuité. Mais le Roi, qui est l'auteur de la charte, qui tient à la charte, qui a juré de la maintenir, qui regarde cet ouvrage comme son plus beau titre aux yeux de la postérité; le Roi consentira-t-il à le voir avili, méprisé ? Le Roi, qui, en donnant la charte, a reconnu les principes de la révolution (1), consentira-t-il à ce que ses sujets soient replacés sous le joug du privilége? Non, sans doute; et penser autrement, serait lui faire injure. Quelle est donc la condition du règne des hommes monarchiques? L'oppression du trône.

Si le trône est opprimé, si, comme en 1815, il se trouve dans l'impuissance de réprimer les crimes, quel rôle jouera la nation? Se taira-t-elle ? La terreur enchaînera-t-elle toutes ses pensées ? On n'enchaîne pas long-

(1) Voyez la note qui termine cet écrit.

temps un peuple par la terreur : aucune terreur n'a réussi depuis la révolution. Le bien sort toujours de l'excès du mal. Je veux cependant que la nation demeure silencieuse. Le siècle où nous vivons est celui des circonstances éclatantes. Un trône ne se maintient plus aujourd'hui par le silence des sujets ; il ne se maintient que lorsque ses sujets ont intérêt à le protéger. Qu'une circonstance arrive, soit une sédition intérieure, soit une guerre étrangère, quel effet ne produira pas une étincelle jetée sur un vaste amas de matières combustibles? Le trône ressemblera alors à ces corps affaiblis qui ont quelqu'apparence de santé, mais pour lesquels la première secousse est mortelle.

Ainsi, dans cette première hypothèse, la domination du parti monarchique, le trône tomberait dans l'avilissement; il serait opprimé, et sa stabilité ne serait point à l'épreuve de la première circonstance.

La seconde hypothèse serait celle-ci : la dissolution de la chambre, et un ministère mixte, pareil au ministère de M. Decazes.

J'ai dit que des malheurs étaient difficiles à éviter. Dissoudre la chambre de suite, ne me paraît, en effet, guères praticable; nous ne devons pas même le desirer. Le gouvernement a besoin d'une chambre : l'année s'achève, et il faut un budget pour 1821. Le ministère, en réalisant une mesure pareille avant l'ouverture de la chambre nouvelle, donnerait sujet à certains esprits, et surtout à l'Europe, de croire qu'il a cédé à une crainte non encore justifiée. Il est des personnes frappées des déclamations qui ont suivi la mort du duc de Berri, dont il est nécessaire de faire cesser les illusions. La chambre aujourd'hui convoquée sera bien plus utilement, bien plus nationalement dissoute, quand on aura été à même d'apprécier les dangers dont son empire serait pour la France : c'est une fièvre qu'il serait dangereux de prévenir avant les premiers accès.

Je suppose que la dissolution intervienne au milieu de la session de 1821, ou à l'expiration de ses travaux, et qu'alors le gouvernement se place dans le juste milieu entre les deux partis : cette hypothèse, suivie dans ses conséquences, ne nous conduira qu'à des impossibilités. En effet, si la suite nécessaire d'une réaction est une réaction nouvelle, le nouveau ministère deviendra impuissant à maîtriser les élections, quelques avantages que la loi lui donne. Cette année, il a voulu obtenir des ministériels, et il n'a obtenu que des ultra. L'année prochaine, il voudrait encore des ministériels; mais nos dernières circonstances ont diminué infiniment les ministériels, tels que le ministère les voudrait aujourd'hui : il a fallu se prononcer dans la lutte. Une partie a passé au côté droit; une autre s'est unie au côté gauche; une majorité n'est pas possible, si le ministère se tient entre les deux partis. Deux oppositions le renverseraient; et s'il a déjà senti cette vérité, quand il s'est joint au côté droit, il ne peut l'oublier, quand les dangers de la première alliance en rendront une seconde nécessaire. En outre, le danger de l'abandon du peuple n'est guères moins réel dans cette hypothèse que dans l'autre. Il ne faut point se le dissimuler : la France est divisée en deux partis; on n'en saurait compter un plus grand nombre. Il faut s'appuyer sur l'un ou sur l'autre; il faut choisir le plus nombreux et celui qui s'accorde le mieux avec le maintien de la charte.

Nous arrivons à la troisième hypothèse : la dissolution de la chambre, et l'alliance d'un nouveau ministère avec le parti national.

Avant d'examiner cette hypothèse, je me sens préoccupé par une idée pénible.

Le ministère actuel, en supposant qu'il demeure, ou, s'il ne demeure pas, ce qui me semble probable, un nouveau ministère, en supposant qu'il entre dans les affaires au moyen de la dissolution, voudrait-il adopter un parti que tant de déclamateurs de mauvaise foi s'obstinent à présenter comme dangereux, comme méditant le renversement de la monarchie? S'il y consentait intérieurement, oserait-il réaliser ses désirs, et ne manquerait-il pas du courage de braver les exagérés dont il suit aujourd'hui les bannières? Je ne sais pas trop quelle réponse faire à de telles questions. Il est clair à mes yeux que nos divers ministères, jusqu'ici formés d'hommes qui se sont accoutumés à regarder toute participation du peuple dans les affaires publiques, comme un principe d'anarchie, ont été esclaves de beaucoup de préjugés. D'un autre côté, le sentiment de la conservation combattra nécessairement ces préventions. La réalité des périls présens peut faire oublier des périls qui ne sont que fictifs, et qui sont démentis par le fait et par le raisonnement. D'ailleurs, voici toute la question : il y a trois routes à suivre; vous en chercheriez vainement une quatrième. La première, celle que suivent les hommes de l'aristocratie, condui a des précipices ; la seconde, celle qu'a suivie quatre ans M. Decazes, est impraticable. Il faut bien que vous choisissiez la troisième ; et si vous avez des craintes, nous consentirons à toutes les modifications qui n'atteindront pas les principes conservateurs de toute société constitutionnelle.

Quelles seront les charges nécessaires d'une alliance avec le parti national ? La première, et la seule, est une obéissance respectueuse à la charte, et une adoption franche de toutes ses conséquences. Nous ne demandons pas, comme nos adversaires, des innovations périlleuses, car le retour vers ce qui n'est plus, est une innovation. Nous repoussons également toute résurrection du passé, et toute anticipation sur l'avenir. La position de la charte nous semble bonne, nous demandons à y rester. Nous voulons ce que le roi a voulu, ce qu'il veut encore, ce qu'il voudra toujours. Les principes que nous réclamons ne sont pas en grand nombre ; mais ils sont féconds en conséquences.

La charte reconnaît un roi ; nous voulons la royauté : elle se reconnaît héréditaire ; nous voulons l'hérédité du trône.

Elle consacre la liberté individuelle ; nous demandons que cette liberté ne soit jamais remise en question.

L'égalité devant la loi ; nous adoptons ce principe, pourvu que l'application y réponde.

La liberté des cultes ; nous ne transigerons jamais sur ce principe. Cette liberté doit être tellement entière, que chacun puisse, à son gré, se choisir une secte, une croyance, sans qu'il soit inquiété, sans que, dans le fait, il soit frappé d'incapacité politique, sans qu'il soit permis de l'insulter, et de le présenter, aux yeux d'une communion, comme impie ou comme athée.

La liberté de la presse ; nous repoussons toute censure préalable : les excès récens de ceux qui l'exercent aujourd'hui, suffiraient pour nous la rendre odieuse, si la charte ne l'avait proscrite. Nous consentons à des lois répressives, mais non pas à des lois atroces, qui par la terreur empêcheraient l'usage d'un droit entouré de tant de périls ; nous les voulons avec un jury.

Le jury, mais libre, mais indépendant, mais non transformé en commission spéciale ; jury de jugement, jury d'accusation, et surtout point d'intervention de préfets.

La responsabilité des ministres et des autres agens du pouvoir : nous voulons que cette responsabilité soit enfin reconnue.

Nous voulons une loi électorale, qui ne favorise point la grande propriété aux dépens de la petite, parce que nous ne connaissons point de différence entre la grande et la petite propriété : à nos yeux, les petits propriétaires ne doivent pas moins tenir à une propriété qui les nourrit, que les grands ne doivent tenir à une propriété qui leur donne le superflu.

Une loi sur le système municipal, qui fasse descendre la liberté jusque dans les classes inférieures, et parmi les habitans des campagnes : nous ne voulons point d'ilotes et d'eslaves.

Une loi sur la garde nationale, qui organise cette garde sur les bases établies par l'assemblée constituante.

Enfin, nous ne voulons ni esclavage, ni arbitraire, ni priviléges : nous voulons être assurés de dormir chez nous ; de conserver ce que nous possédons; de ne point être inquiétés dans notre croyance ; d'hériter de notre père, que nous soyons aînés ou cadets ; de ne point être à la merci d'un noble ou d'un garde champêtre ; de vivre en citoyens qui connaissent leur dignité, et qui savent la faire respecter.

Telles sont, à nos yeux, les conséquences de la charte.

Y a-t-il dans de tels vœux quelque chose

de contraire au bon ordre, de subversif du pouvoir royal, de révolutionnaire, d'hostile contre l'étranger ?

Nous avons fait connaître plus haut les désirs et les espérances des hommes monarchiques; nous venons de développer les nôtres. Comparons actuellement ce qu'ils donneront au pouvoir, en retour de ce qu'ils réclament, et ce que nous-mêmes pouvons également lui présenter.

Ils lui donneront pour appui l'étranger; nous lui offrirons des français.

Ils dresseront une armée de missionnaires, dont les prédications défendront moins les libertés gallicanes que les invasions du pouvoir ultramontain.

Nous rallierons autour du gouvernement toute l'ancienne armée; des milliers de vieux soldats qui, découragés par un injuste abandon, labourent aujourd'hui un champ que le système des majorats peut leur enlever bientôt, et qui, à la voix de la patrie et de la liberté, viendraient encore placer entre l'étranger et la France ce rempart de fer dont l'ennemi n'a point perdu la mémoire.

Les hommes prétendus monarchiques n'ont à offrir que quelques vendéens, quelques vieux soldats de l'armée de Condé. L'armée qu'ils formeraient par leurs enrôlemens volontaires, serait le rebut de la population, et ne pourrait devenir que la honte de la patrie.

Les libéraux comptent parmi leurs plus fermes appuis l'élite de la jeunesse française; les hommes monarchiques comptent à peine une partie des vieillards.

Les libéraux ont pour eux tous ceux à qui le travail peut donner le moyen d'acquérir, tandis que les royalistes veulent leur ôter même cet espoir.

Enfin, nous pouvons offrir une force imposante, soit morale, soit matérielle; nos adversaires n'ont en partage que de la faiblesse et des préjugés.

Mais pourquoi développer des vérités que le gouvernement connaît mieux que nous? Si les amis des principes constitutionnels ne constituaient point aujourd'hui la force de la société, pourquoi le roi leur eût-il fait la concession de la charte? concession si mal accueillie par le parti monarchique, et dont il déplore chaque jour les suites. Pourquoi n'eût-on point ressuscité le système antérieur à la révolution? système redemandé tant de fois, et avec une si malheureuse persévérance.

Pourquoi la charte prescrit-elle l'oubli des votes, si les hommes qui ont voté en faveur de la révolution ne sont pas les plus nombreux? Pourquoi a-t-elle garanti les ventes nationales, si la majorité de la population n'est pas intéressée au maintien de ces ventes? Tout ce que le roi a fait depuis cinq ans, tous les principes qu'il a reconnus, toutes les modifications qu'il a portées à son pouvoir, prouvent qu'une force invincible règne, et que cette puissance ne pouvait être méconnue. La charte est la condamnation du temps passé ; elle est l'apologie du parti national.

Pourquoi cependant abandonne-t-on ce parti? Pourquoi le sacrifie-t-on à ses cruels ennemis? On craint l'étranger, dit-on; on est averti par la mort du duc de Berri ; on redoute les doctrines pernicieuses.

Examinons successivement ces trois griefs.

On craint l'étranger. J'ignore si les négociations de Carlsbad ont influé sur l'alliance que le ministère a faite depuis six mois avec les hommes monarchiques. Quelques rapprochemens que l'on puisse établir, quelque singulière que paraisse la liaison que l'on découvre entre les déterminations des souverains alliés, et la présentation, à la chambre, des trois projets qui ont été le signal de la défection ministérielle, je veux croire que l'apparence est trompeuse, et qu'en effet nos ministres ne sont point dominés par une influence dont le moins libéral de nos rois eût rougi, et qui eût révolté Henri IV et Louis XIV. Avouer en effet une telle direction, ce serait se ravaler soi-même, et se mettre au rang des esclaves. Mais enfin, laissant de côté ce qu'il peut y avoir de réel dans tout cela, examinons seulement ce que paraissent désirer les étrangers; et s'il faut adopter leur politique, voyons du moins ce qu'est cette politique, d'après leurs actes et leurs manifestes.

Les étrangers ont reconnu que la France devait être forte et indépendante. L'importance de ce royaume pour le maintien de l'équilibre européen, ne peut être niée de personne, et les alliés ont, à cet égard, rendu hommage à la vérité. Lorsque le roi a donné la charte aux français, les étrangers ont applaudi à cette concession salutaire. Voudraient-ils qu'elle nous fût retirée ? Rien ne porte à le croire. Je cherche en vain quels argumens pourraient élever contre le maintien du système représentatif en France, des souverains dont le plus grand nombre a promis des constitutions à ses peuples, et dont une partie a tenu sa parole.

L'autocrate de toutes les Russies, après avoir donné une charte à la Pologne, verrait-il avec regret l'exécution de la charte donnée à la France par Louis XVIII ? Le roi de Bavière, les souverains du second ordre de l'Allemagne, le roi d'Angleterre seraient-ils recevables à nous disputer un bien dont leurs peuples jouissent sans contradiction ?

Non certainement; et des manifestes récens démontrent que les souverains regardent comme salutaires toutes les constitutions qui descendent du trône qu'elles consolident, sur le peuple qu'elles affranchissent. Les craintes des monarques ne s'adressent qu'aux nations qui auraient obtenu par violence des lois constitutionnelles. La France n'est point dans ce cas : sa charte est librement émanée du trône; elle a été acceptée avec enthousiasme. Sa publication n'a point été accompagnée de troubles; elle n'a point produit de déchiremens. Son maintien est dans les voeux de son auteur; il peut seul assurer la stabilité de la France.

Ce que veulent les souverains, c'est la paix. Or, si la charte fut concédée à la France, c'est qu'elle fut jugée le seul moyen de garantir cette paix si désirée. La détruire tout d'un coup, ou la miner sourdement, c'est également remettre en question notre avenir et celui de l'Europe. La remettre entre des mains qui ne peuvent la souffrir, c'est la menacer de ruine. Les étrangers craignent les révolutionnaires; mais ceux-là seuls sont des révolutionnaires qui veulent changer l'ordre actuel de la société. Les révolutionnaires ne sont pas ceux qui demandent à conserver ce qui est; autrement, le sens des mots et l'ordre des idées seraient intervertis.

Mais, supposant, ce que je ne pense pas, que l'étranger désirât en effet le retour de l'ancien despotisme, qu'il souhaitât et conseillât l'anéantissement de nos institutions, les ministres devraient-ils céder à ses sollicitations, et mutiler la patrie au profit d'hommes qui ne sentent rien pour elle? Il n'est pas français, celui dont le sang ne s'allume point à cette ignominieuse pensée; il n'est pas français celui qui ne préférerait point la gloire d'une ruine honorable, à la double honte de l'anéantissement de nos institutions, et de l'obéissance passive à l'étranger. Rien n'est plus admirable que la fraternité des nations, lorsqu'elles protègent mutuellement leur liberté; mais rien n'est plus honteux que la soumission servile d'un grand peuple à des tyrans étrangers ; et si quelque nation peut espérer d'en être toujours affranchie, c'est sans doute celle qui, après avoir vaincu l'Europe, pourrait encore, aux vieux noms de patrie et de liberté, faire sortir de terre des bataillons armés, et ressusciter ces glorieuses bandes qui ont résisté à tant de coalitions, et qui, toujours invincibles en face de l'ennemi, ne se sont trouvés faibles qu'en face de la trahison.

Mais, considérant la question étrangère d'un point de vue plus élevé, nos ministres doivent-ils être les derniers à jeter les yeux sur l'Europe, et à pressentir les événemens dont elle est menacée? Doivent-ils, apprentis politiques, borner leur prévoyance au temps présent, lorsque les esprits les moins profonds s'élancent, presque malgré eux, dans un avenir qui ne peut être incertain? Ne sont-ils pas frappés de cette inquiétude sourde et universelle qui tourmente toutes les vieilles sociétés? Leur pénétration est-elle inhabile à suivre le cours progressif des idées, et la marche lente, mais sûre, des peuples, vers une amélioration générale? Quand l'imprimerie fut découverte, quand les semences de la réformation furent jetées, quand les lettres refleurirent au seizième siècle, les esprits les moins pénétrans durent s'attendre à un changement inévitable et universel en Europe : ce changement s'opéra, parce qu'il était dans la nature des choses ; il ne pouvait pas être prévenu, il était passé dans les esprits.

Rien ne paraît se ressembler dans l'univers, et cependant tout est semblable. La révolution française a été pour l'Europe le signal d'un ordre de choses nouveau. Contrariée par diverses coalitions, affaiblie par la multitude des excès qui ont souillé son triomphe, elle ne fut pas d'abord assez puissante pour consommer ce qu'elle dut entreprendre ; mais 1814 a achevé ce qu'avait ébauché 1789. Le mélange de tous les peuples de l'Europe avec le peuple français, a communiqué aux uns les idées des autres. Les souverains alliés ont eu plus d'une fois à se repentir du succès de leurs armes, et de l'exaltation nouvelle qui s'est manifestée parmi leurs sujets. Ils ont cherché à opposer une digue au torrent ; la sainte alliance a été trouvée : cette coalition extraordinaire comprime depuis cinq ans des désirs encouragés d'abord par de solennelles promesses. Aux efforts de la civilisation, elle oppose ceux de sa politique ; elle ferme l'Europe aux hommes poursuivis par l'exil, et gouverne, presque malgré eux, les trônes et les peuples. Mais comment enchaîner une force qui devient chaque jour plus irrésistible? Les efforts des nations redoublent en même temps que ceux des cabinets. La tendance devient de plus en plus formidable ; elle s'accroît de jour en jour. Déjà l'Espagne a brisé ses fers; Naples a suivi son exemple; le Portugal a suivi l'exemple de l'Espagne et de Naples. L'esprit le plus hostile se manifeste à Londres, favorisé par un scandaleux et inutile procès ; on répète que la France est en proie à l'esprit révolutionnaire. L'Allemagne n'est pas tranquille ; de sourdes agitations travaillent le grand corps germanique, et la Russie s'effraie au bruit des conspirations et des émigrations.

Il est évident, aux yeux de tout homme qui réfléchit, que tout s'agite en deçà et au-delà de l'Océan; qu'une réunion stable et permanente de souverains, dont les intérêts sont différens ou contraires, est une chimère à laquelle il faut renoncer. Aux causes qui assurent l'affranchissement des peuples, et qui leur sont particulières, se joignent des causes étrangères. Les puissances alliées les ont favorisées par leur imprudence, ils vont les favoriser par leurs divisions. L'Angleterre observe et redoute la Russie. La Russie, disposée à s'emparer des positions qui sont, pour ainsi dire, la clef de l'Europe, combat ostensiblement les prétentions de l'Angleterre. Cette dernière ne peut plus rien par l'or; elle n'en a plus. L'Autriche, menacée dans ses possessions d'Italie, ne sait si elle attaquera ou si elle laissera tranquille un peuple qui a reconquis sa liberté. On se divise; on ne s'entend plus, et la cause des peuples gagne, en proportion de la perte qu'éprouve celle des gouvernemens absolus.

Quel rôle admirable un ministère français pourrait jouer, s'il était habile! La situation est donnée; l'occasion est unique peut-être : il faut en profiter, si l'on ne veut qu'elle s'échappe. Une réflexion profonde, un coup-d'œil juste, font assez voir que le temps est arrivé de donner le signal; qu'il y a maintenant plus de sureté à combattre qu'à soutenir un colosse qui tombe; que, d'un côté, il y a grandeur, force, puissance, régénération; que, de l'autre, il n'y a plus que le facile avantage d'une tyrannie passagère.

Il ne faut que des yeux, et, pour tout découvrir,
Pour décider de tout, on n'a qu'à les ouvrir.
Un grand destin commence, un grand destin s'achève....
Soutenir un état chancelant et brisé,
C'est chercher par sa chute à se voir écrasé.

CORNEILLE, *Attila*, *acte* 1er., *scène* 2e.

Peut-on dire, après ces réflexions qui doivent frapper les esprits les moins prévoyans, que l'on redoute l'étranger ?

On est averti par la mort du duc de Berri. S'il était prouvé qu'en effet ce sont les libéraux qui, soit par leurs doctrines, soit par leurs actions, ont encouragé l'assassinat du duc de Berri, je concevrais que la famille des Bourbons s'éloignât d'eux, que même elle voulût s'en venger. Si, après l'exemple de l'assassinat de Henri III par les jésuites, de Henri IV par un misérable que l'on peut justement soupçonner d'avoir suivi leurs leçons, Louis XIV se livra aux jésuites, et se rendit même leur esclave, nous condamnons cette honteuse alliance du grand roi, et nous la regardons comme une tache imprimée à sa gloire. Il est dans notre opinion que la doctrine de l'assassinat doit être une cause éternelle d'inimitié entre les victimes et les meurtriers. Mais où trouvera-t-on la preuve que

Louvel a recueilli dans des ouvrages libéraux ses coupables principes?

Pour que Louvel eût puisé dans les écrits des amis de la liberté les doctrines qui l'ont instruit au meurtre, il eût fallu deux choses : 1°. que ces doctrines fussent en effet trouvées dans ces écrits; 2°. que Louvel les eût pu lire.

Sur le premier point, il est faux que jamais aucun libéral aït défendu des doctrines aussi meurtrières. Quelle qu'ait pu être l'audace de la pensée des hommes les moins modérés, quelqu'entraînement qui ait pu résulter des passions, on défie de trouver dans aucun écrit libéral une provocation à l'assassinat. Sans doute, depuis quatre ans, la liberté de la presse a favorisé la publication d'une foule d'opinions abstraites, de principes exagérés : cela ne pouvait être autrement; mais que l'on examine avec impartialité, s'il y a quelque part des provocations au meurtre, ce ne peut être que dans les écrits royalistes. Avons-nous jamais demandé *une journée*, sollicité des exils en masse? Comptons-nous Servant, Truphémy et Trestaillon parmi les nôtres? Le sang des protestans s'élève-t-il contre nous? et les derniers mots du maréchal Brune ont-ils été notre condamnation?

Mais ne serait-ce pas de la doctrine du régicide que nous serions accusés? Une telle imputation veut être appuyée sur des faits. Nous avons, dit-on, pris le parti des hommes que l'on nomme régicides. Je ne sache pas que nous ayons défendu autre chose qu'un article de la charte : si cette loi est régicide, nous le sommes comme elle. Quelques-uns de nous ont appelé la défense de M. Grégoire la défense d'un principe. C'est encore l'article de la charte dont nous avons réclamé le maintien. Défendre M. Grégoire, c'était soutenir l'oubli des votes : cet oubli est dans la charte; cet oubli est donc un principe.

Quelques-uns de nous ont professé le dogme de la souveraineté du peuple. Il n'entre pas dans notre dessein d'examiner ce dogme dans ses rapports avec la légitimité, et de prendre un parti dans une question si grave. Mais est-il vrai que le principe de la souveraineté du peuple soit inséparable de celui du régicide? La négative n'est pas difficile à établir. La souveraineté du peuple existe en Angleterre : les Brunswick en savent quelque chose. Voit-on que le régicide y soit en honneur? Cette souveraineté n'est nullement contraire à l'hérédité du trône, et c'est déjà une preuve qu'elle n'est pas aussi ennemie des rois qu'on le pense.

Enfin, donner au peuple l'autorité suprême, sans lui concéder l'exercice de cette autorité, est-ce dire que le premier assassin venu a le droit de porter sur un roi sa main criminelle ?

Quels principes professe la très-grande majorité des libéraux, car il serait injuste de juger un parti par les opinions de quelques-uns de ses membres ? L'obéissance aux lois, le respect du caractère de l'homme, et surtout de son existence. Il est une foule de libéraux qui condamnent la peine de mort, qui voudraient la voir abolie. Est-ce là quelque chose de semblable à la doctrine du régicide ?

Mais, en tout état de cause, Louvel a-t-il étudié ces doctrines que l'on calomnie ? Tout tend à prouver que cet assassin ne lisait pas, qu'il méditait son projet avant que la presse libre eût pu le lui inspirer. L'instruction tout entière établit qu'il ne fut conduit au crime que par une haine solitaire et féroce ; et c'est en vain que les hommes monarchiques ont multiplié les rapprochemens et les conséquences : on n'a pu voir dans ces efforts que le pénible travail de la mauvaise foi.

Dans tous les temps, il se trouva des hommes mécontens du monde et dégoûtés d'eux-mêmes, qui ont médité solitairement, et sans le secours de personne, des crimes inouis. Une tête ardente, un esprit faux, quelques motifs d'exaspération, la solitude, la religion même, ont inspiré des forfaits. C'était au nom de la religion que les Clément, les Châtel, les Barrière, les Ravaillac ont assassiné leurs rois. L'Evangile, qui prêche la paix, est-il coupable des combats qui se livrent en son nom? Les doctrines libérales, destinées à la conservation de l'honneur, de la vie des hommes, seraient-elles accusables, lors même qu'un scélérat en eût abusé? Mais s'il est prouvé qu'il ne l'a point fait, qu'il ne lisait pas, qu'il était étranger aux notions les plus simples, que deviennent les accusations que l'on adresse à des hommes honorables, qui, dans tous les temps, ont protesté contre les crimes de tous les partis et les erreurs de toutes les opinions?

On redoute les doctrines pernicieuses.

Ces doctrines sont ou politiques, ou religieuses.

Quelles sont les doctrines politiques des libéraux? Nous avons déjà dit qu'ils veulent la charte tout entière: c'est là leur code politique. Des déclamateurs de mauvaise foi, poussés dans leurs derniers retranchemens, vont rappeler sans doute le 20 mars, et prétendre que les libéraux voulurent, à cette époque, remplacer la charte par l'acte additionnel de Bonaparte. Quelque ridicule que soit un tel argument, comme on le répète sans cesse, il faut le réfuter une fois pour toutes. Il est faux, d'abord, que tous les libéraux aient applaudi au 20 mars: il en est un grand nombre qui, bien qu'ils fussent prévenus contre le système que les émigrés avaient fait prévaloir en 1814, redoutaient trop justement le caractère connu de Bonaparte, pour applaudir à son retour; d'autres, sans doute, furent entraînés par la séduction de la gloire; plusieurs ne surent point résister à la surprise que dut universellement causer la course miraculeuse du golfe Juan à Paris; mais, quel qu'ait été l'entraînement de beaucoup d'esprits, il n'est point un seul libéral qui n'ait été révolté de l'acte additionnel, médiocre et maladroite copie de constitutions beaucoup plus favorables à la liberté. Il n'en est point un seul qui n'ait repoussé cette loi de déception, qui n'ait été détrompé par elle des intentions de Bonaparte; de telle sorte, que l'on peut dire avec justice que c'est l'acte additionnel qui a perdu la bataille de Waterloo. La chambre des représentans ne se sentit pas plutôt délivrée du joug impérial, qu'elle travailla de suite à une autre constitution, qui, sauf quelques modifications dépendantes des circonstances, se rapprochait, sous beaucoup de rapports, de notre charte constitutionnelle. Il est donc faux, et de toute fausseté, que les libéraux aient préféré l'acte additionnel à la charte.

Qu'est-ce, d'ailleurs, qu'une constitution, quelque nom qu'on lui donne, qu'elle s'appelle charte, ou constitution de 1791, ou constitution de 1815? Est-ce autre chose qu'une loi qui reconnaît certains principes fondamentaux des sociétés constitutionnelles? Vouloir l'une ou l'autre, c'est être également constitutionnel. Que si quelques dispositions des unes sont différentes ou contraires aux dispositions des autres, on doit l'attribuer à l'influence des circonstances qui ont vu naître chacune d'elles. C'est à des hommes familiarisés avec les révolutions, que nous parlons. Quel est celui d'entr'eux qui ne comprenne pas qu'il n'était pas plus possible de maintenir la dynastie royale par la constitution de 1815, qu'il n'eût été possible de la proscrire par la charte de 1814? L'empire des circonstances commandait à chaque époque. En 1793, elles obligeaient les citoyens à jurer haine à la royauté; en 1795, elles devaient proscrire les émigrés; en 1814, elles devaient commander l'oubli du passé. Tout cela était dans la nature présente des choses : aussi n'est-ce pas de ces formules dépendantes des temps, que les libéraux entendent parler, lorsqu'il s'agit de constitutions; c'est des bases éternelles de tout gouvernement représentatif qu'ils sont et seront toujours les partisans. Ils approuvent ou blâment, conservent ou rejettent les dispositions de circonstance; mais ce qu'ils veulent toujours, ce sont des principes immuables. Ils voulurent la constitution de 1791, ils voulurent celle de 1795; ils veulent la charte, parce qu'ils ont trouvé dans toutes ces lois des moyens suffisans d'établir la liberté.

La charte, d'ailleurs, est pour eux d'autant plus précieuse, qu'elle contient, moins qu'aucune autre loi, de ces dispositions arbitraires qui annoncent dans quels temps une constitution fut rédigée : aucun de ses articles ne remonte aux fondemens de la société. Elle laisse le trône dans un sanctuaire religieux; elle ne proclame point la légitimité, qui ne devait pas être un sujet de discussion.

Les doctrines politiques des libéraux sont à l'abri de toute interprétation perfide; ils veulent tout ce que veut la charte : le gouvernement représentatif, et la garantie des nouveaux intérêts. Tels furent de tout temps les vœux qu'ils formèrent; ils ne sont point, comme on veut bien le dire, amis de l'ouvrage, ennemis de l'auteur; ils respectent l'un, par leur respect même pour l'autre. Ils sont étrangers à ce système de distinction qui veut le roi, mais qui repousse ce que veut le roi : ils désirent, au contraire, tout ce qu'il a désiré; et leurs craintes ne naissent qu'au moment où le roi est mal obéi.

Quant à leurs doctrines religieuses, s'il fallait, pour chérir et cultiver la religion de nos pères, entrer dans le partage des erreurs, des superstitions, des crimes de ceux qui l'ont prêchée pendant tant de siècles; si le respect de l'Evangile était inséparable du mépris de ceux qui n'ont pas le bonheur de le connaître, ou qui l'entendent autrement que nous; si, pour trouver grâce devant nos adversaires, il était nécessaire d'applaudir aux persécutions religieuses, de prêcher l'intolérance, d'insulter les victimes que le fanatisme a sacrifiées; si l'on exigeait enfin que les fidèles se soumissent à une obéissance aveugle envers la cour de Rome, à une servile soumission aux ordres de la tyrannie : ah ! sans doute, les libéraux brigueraient l'honneur d'être réprouvés par les ministres d'une telle religion. Mais, si le christianisme est une doctrine de paix; si l'Evangile est le code de la liberté ; si toute sa doctrine est comprise dans cette maxime de la sagesse : *ne fais pas à autrui ce que tu ne veux pas qu'on te fasse*, les libéraux sont plus religieux que ceux qui les accusent. Ils veulent que la religion soit pure comme le Dieu dont elle émane; ils veulent qu'elle n'étouffe pas l'exercice de la raison que ce Dieu nous a donnée pour en faire usage; ils veulent qu'être bon chrétien, ce soit être bon citoyen : voilà leur culte, leurs dogmes ; telles sont leurs doctrines pernicieuses.

Les libéraux repoussent tout ce qui peut ramener l'intolérance; ils rejettent en conséquence ces prédications tumultueuses qui animent les citoyens contre les citoyens; ils rejettent cet orgueil de paroles et de menaces que l'on trouve trop souvent dans les mandemens, et dans les lettres pastorales des prêtres qui oublient le caractère de leur mission. Si c'est là prêcher l'athéisme, ils sont athées.

Les sociétés modernes ne sont point fondées sur la théocratie. Les libéraux, pénétrés de cette vérité, pensent qu'un clergé dominateur, érigé en ordre dans l'état, ne peut que dénaturer les sources de l'obéissance, en déplaçant celles du commandement. Sous le régime où nous vivons, le clergé, s'il obtenait ce qu'il sollicite, avec une constance si peu apostolique, formerait un état dans l'état, introduirait l'anarchie dans l'administration, opprimerait tous les autres cultes, ramènerait enfin tous les maux que trois cents ans de discordes religieuses ont accumulés sur notre patrie. Telles sont les opinions des libéraux.

Une dernière objection peut être adressée aux partisans de la dissolution de la chambre, et de la création d'un ministère national. Peut-être le gouvernement se prétendra-t-il arrêté par les antécédens qu'il s'est donnés par six mois d'alliance avec les royalistes; peut-être craindra-t-il que la chambre, une fois dissoute, ne puisse être purgée des royalistes par la nouvelle loi des élections, entièrement conçue en faveur du parti monarchique. Certainement il y a quelque chose de réel dans une pareille objection. Qui se crée de mauvais instrumens, ne peut compter sur des ouvrages réguliers; qui favorise les passions d'un parti violent et cruel, ne doit pas espérer de les éteindre aussi aisément qu'elles furent allumées. Néanmoins un examen sérieux de l'état des choses permet de concevoir de plus heureuses espérances. La loi des élections n'est point un instrument entièrement monarchique; c'est plutôt un moyen de succès et de domination entre les mains de ceux qui seront chargés de la mettre en œuvre: elle produira ce qu'on voudra, excepté des ministériels. Que demain le ministère fasse, en faveur des libéraux, tout ce qu'il s'est permis de faire cette année pour les ultra, et nous obtiendrons le même triomphe qu'ils ont obtenu.

Sans doute il n'y a rien de pire qu'une loi dont on tire le parti que l'on veut; ses fruits deviennent détestables ou excellens, suivant la tendance de ceux qui l'exécutent. Autant les libéraux repoussent la toute-puissance des hommes, autant ils adoptent celle des lois. Leur premier soin, s'ils avaient la majorité, serait, sans doute, de substituer à la loi actuelle des élections une législation fixe, inébranlable, indocile aux manœuvres de tous les partis, et dont l'effet fût, avant tout, de donner à l'opinion publique les moyens les plus étendus et les plus sûrs de se manifester tout entière, sans réticences, sans exagération. La loi du 17 février offrait, à cet égard, une partie des avantages que l'on pouvait en espérer.

Nous avons résolu les objections que les adversaires de la charte nous opposent habituellement, lorsque nous offrons le remède aux dangers d'un système anti-constitutionnel.

Ce ne sont point des déclamations que nous nous sommes plus à prodiguer; ce ne sont point des personnalités que le lecteur vient de lire. Nous avons cherché la vérité et fui l'exagération. Nous nous résumons.

Les élections nouvelles ont amené dans la chambre des hommes violens opposés à la France constitutionnelle, ennemis du système de gouvernement sous lequel nous vivons. Ces nouveaux députés vont trouver à la chambre une opposition redoutable par le nombre et par le courage. Les opinions, les amours-propres, les intérêts, les haines vont se trouver en présence. Du choc des élémens contraires, il sortira une agitation tumultueuse qui effrayera la France. Les décisions seront mauvaises : la majorité est ennemie de la liberté publique. Cependant l'irritation des députés se communiquera au dehors ; les provinces, ensanglantées en 1815, ont revu Trestaillon après le 13 février. Aujourd'hui elles ne seront pas, elles ne pourront pas être calmes.

Une oppression passagère, sans doute, est inévitable, mais quelle sera l'issue? Trois hypothèses se présentent. La première est celle du triomphe complet des ultra-royalistes : si elle se réalise, le trône sera opprimé ; le peuple se détachera du gouvernement; la stabilité publique sera exposée à la première circonstance. La seconde hypothèse serait celle de la dissolution des chambres, et de la création d'un ministère mixte. Dans cette supposition, le gouvernement serait arrêté par des impossibilités : ce ne pourrait-être qu'un ajournement de la question principale. La troisième et dernière hypothèse serait la dissolution et la création d'un ministère national. Si cette hypothèse devait se réaliser, quelles en pourraient être les conditions ? L'exécution entière de la charte. Quels en seraient les avantages ? Le ralliement de tous les intérêts nationaux, celui de l'ancienne armée et de la majorité de la nouvelle ; celui de la jeunesse française presque tout entière ; le soutien d'une opinion puissante et inébranlable ; la fraternité des autres peuples de l'Europe. Quelles objections peut-on y faire? La volonté de l'étranger? Cette volonté fut jadis favorable à la charte ; elle ne peut être changée. Les alliés sont, d'ailleurs, dans un état de division qui ne peut que nous rassurer. L'assassinat du duc de Berri ? Il est prouvé que ni les doctrines des libéraux, ni leur coopération, n'ont encouragé l'assassin, qui n'a point eu de complices. Les doctrines prétendues pernicieuses? En politique, les libéraux veulent la charte ; en religion, l'Evangile, la tolérance, les libertés de l'église gallicane.

C'est au gouvernement de réfléchir sur l'issue qui peut offrir le plus de gloire, de force et de stabilité.

Mais, au moment où je termine ces réflexions rapides, l'horizon politique de l'Europe semble se dégager des nuages qui le couvraient. Les conférences de Troppau paraissent plus favorables à la liberté des nations, que les congrès de Vienne et de Carlsbad. Occupés de leurs intérêts personnels, les monarques de la sainte-alliance permettront-ils aux peuples de recouvrer leur liberté? Respecteront-ils la volonté de la nation espagnole, de la nation portugaise, des napolitains? Seront-ils jaloux de la triste gloire de replonger dans les ténèbres un peuple de l'ancienne Italie, qui, après quinze siècles d'oppression, a ranimé quelques étincelles de l'antique liberté romaine? Ah! sans doute, si les conseils de la force étaient écoutés, le peuple napolitain s'ensevelirait sous les débris de ses villes fumantes, plutôt que de reprendre les chaînes qu'il a brisées. Mais l'Europe n'a-t-elle point été assez inondée de sang? Les plaies de l'humanité sont-elles cicatrisées? et les monarques de l'Europe brûleront-ils les cités au nom de la religion qui a présidé à leur alliance ?

Espérons que les conseils de la sagesse seront entendus ; espérons que ce ne sera point un crime pour les peuples d'avoir obtenu des lois constitutionnelles. La marche du siècle, la leçon du passé, la voix de l'expérience, nous apprennent que la tendance existe, qu'elle est insurmontable. Du Danube au Tibre, de la Baltique à la Méditerranée, on entend retentir le mot de constitution ; tous les peuples demandent des gouvernemens représentatifs. Il est de la sagesse de céder à ce vœu universel et légitime ; il serait odieux de punir les rois qui ont souscrit à son accomplissement.

Et nous, qui avons obtenu dès long-temps ce que tant de nations réclament en vain, pourquoi ne jouissons-nous pas de l'exercice des droits qui nous ont été garantis? Pourquoi une faction impitoyable s'oppose-t-elle au bonheur que nos institutions nous avaient promis? Une minorité qui devait être impuissante, fera-t-elle long-temps encore la loi à un grand peuple? Un ministère aveugle persistera-t-il dans une alliance qui peut compromettre pour long-temps notre avenir? Faudra-t-il que le peuple français, toujours crédule et trompé, toujours flatté des plus belles promesses, et accablé des plus tristes réalités, se débatte péniblement entre diverses tyrannies, use ses forces à des combats sans fin, à des luttes sans triomphe; et l'existence de plusieurs générations s'épuisera-t-elle dans d'inutiles travaux? Espérons mieux de l'avenir; le terme est peut-être moins éloigné que l'on ne pense; comptons sur l'énergie des Français, sur la sagesse du monarque, et soyons convaincus que l'aurore de la liberté va bientôt se lever pour la France et pour l'Europe.

Ce 10 *décembre* 1820.

NOTE.

(*Voyez page* 29.)

La charte a consacré les principes de la révolution; cette thèse est celle qui a été soutenue par M. Guizot dans son excellent ouvrage. Nous la reproduisons, parce que les nombreuses censures auxquelles elle a donné naissance, loin de nous en démontrer la fausseté, nous ont confirmés, au contraire, dans l'opinion que nous avons émise.

Il nous semble que, jusqu'ici, la question n'a point été posée comme elle devait l'être.

La charte, disent les uns, a consacré la révolution; elle l'a détruite, disent les autres. Pour s'entendre, il faudrait savoir ce que c'est que la révolution. Est-ce 1789? est-ce 1793? est-ce 1795? est-ce la période tout entière, depuis 1789 jusqu'à 1795? Voilà la question.

Pour la résoudre, il faut savoir quels étaient les besoins de la société lors de la convocation des états-généraux; ce que voulaient les auteurs de la révolution à cette époque. Incontestablement, on réclamait la suppression de tout ce qui, dans l'ancien régime, était oppressif et arbitraire; on voulait supprimer les priviléges, l'intolérance religieuse, les droits féodaux : des nobles et des prêtres, en très-grand nombre, s'accordaient, dans ce vœu, avec la nation tout entière.

Voulait-on abolir la royauté? Non; et la preuve, c'est que toute la France applaudit à la constitution de 1791. Voulait-on attenter à la vie du monarque? Encore moins, parce qu'une telle mesure ne menait qu'à des précipices. Voulait-on l'anarchie? Non, parce que l'anarchie est une source d'oppressions et de désordres, et qu'une nation ne veut ni les unes ni les autres.

Lorsque l'assemblée constituante eut aboli la noblesse, les droits féodaux, l'intolérance religieuse; lorsqu'elle eut établi la liberté individuelle, la liberté de la presse, le jury, la formation de la loi par une assemblée élective et par le monarque, la publicité des jugemens, l'admissibilité à tous les emplois, etc., la révolution fut faite dans la législation : on avait obtenu ce qu'on demandait.

Faire des lois et les appliquer, ce n'est pas une seule et même chose. Il fallut en venir à l'application; il fallut froisser des intérêts: de là les résistances. Elles amenèrent un combat; l'étranger fut appelé contre nous; il fallut, non pas continuer ou changer la révolution; il fallut la défendre. Le danger était grand, les moyens d'y résister durent être terribles. Ces moyens furent le soulèvement du peuple, l'insurrection, l'organisation de la France en un vaste club populaire.

Ces moyens remportèrent la victoire ; ils étaient donc utiles. Ils causèrent de grands malheurs, parce qu'ils mirent toutes les passions en présence. Tout ouvrage confié aux passions des hommes coûte beaucoup à accomplir. La lutte de la révolution contre le privilége fut féconde en déchiremens, en injustices particulières, en grands attentats ; mais tous ces excès ne furent point la révolution ; ils furent les accidens du combat livré pour défendre la révolution.

Ainsi, nous arrivons à ce résultat : la révolution, c'est 1789 ; ce sont les décrets de l'assemblée constituante ; c'est la déclaration des droits constitutionnels.

1793, 1794, etc., ne sont que le combat.

Or, que trouvons-nous dans la charte ? A peu de chose près, les mêmes principes que ceux de l'assemblée constituante : liberté des cultes, liberté individuelle, égalité devant la loi, liberté de la presse, formation de la loi par des assemblées électives et par le monarque ; une noblesse, il est vrai, mais sans priviléges ; la pairie elle-même est accessible à tout le monde, et n'est point un vrai privilége ; enfin, la charte nous offre, sinon identiquement les mêmes dispositions, du moins le même esprit et les mêmes principes que les décrets de l'assemblée constituante, c'est-à-dire, de la révolution. Si la charte établit quelques exceptions, si l'on veut que la pairie en soit une, ce n'est qu'une exception, qui ne fait rien à l'ensemble du système.

Donc la charte a consacré la révolution; et c'est justement parce qu'elle l'a consacrée et appliquée, que le combat ne doit plus exister, à moins que les résistances, qui s'adressaient à la constitution de 1791, ne s'adressent à la charte elle-même.

www.ingramcontent.com/pod-product-compliance
Lightning Source LLC
LaVergne TN
LVHW010038230826
846091LV00005B/1765
9782012471894